Am Anfang war eine kleine Sumpfpflanze. Ich grub die hübsche, blasslila Blühende mitsamt ihren Wurzeln aus und mein Vater half, sie im heimischen Garten einzupflanzen. Zu unser aller Staunen fühlte sich die an viel Feuchtigkeit gewöhnte Pflanze in unserem Steingarten wohl. Meine Liebe zu Blumen war erweckt. Ich war fünf Jahre alt.

Aus diesem in kindlicher Unschuld gelegtem Keim sollte sich dieses Buch entwickeln. Auf den nächsten Seiten erwartet Sie, liebe Leserin, lieber Leser, eine Fülle von Anregungen. Es gilt, mit wenig Aufwand, mit wenigen Zutaten das »Zen der Blumenkunst« selbst zu entdecken.

Wenn ich meine ursprüngliche Freude an Blüten mit Ihnen teilen darf, so ist der Zweck dieses Buches mehr als erfüllt.

Susanne Schumacher im Juli 2001

Die Einfachheit des Seins:
Weiße Blüte in schwarzer Schale

INHALT

DIESEM BUCH BEWEGT HAT

Eine Welt für sich: »Und Gott sprach: Es lasse die Erde aufgehen, dass sich besame da ein jegliches nach seiner Art, Frucht trage und habe seinen eigenen Samen bei sich selbst auf Erden.« Der Fruchtstand des Lotus trocknet ein, dabei lösen sich die Samen und fallen ins Innere, werden dort aufbewahrt bis zum Tag ihrer Bestimmung.

Achtsamkeit: In der Ruhe liegt die Kraft, im Beschränken auf das Wesentliche die Quelle zu dem, was echt ist.

Spannungsmomente: Was geschieht, wenn ich Wasser über ein Lotusblatt gieße ... Wie ein silberner Strom fließt es in einem grünen Bett.

Die Schule des Sehens: Geborgen liegt die Wickenblüte auf einem Kapuzinerkresseblatt, ein dicker Regentropfen hält sie frisch.

NAHAUFNAHMEN

Blütenfeuer: Der Riesenlauch überrascht mit einem kugeligen Feuerwerk aus violettfarbigen Blüten.

Ob einzeln oder im Arrangement – jede Blume verdient eine Sonderbehandlung.

Befreien Sie die Stiele von allem Blattwerk, das unterhalb des Wasserspiegels liegt. Schneiden Sie jeden Stiel mit einem scharfen Messer lang und schräg an.

Verwenden Sie ein vollkommen sauberes Gefäß. Füllen Sie die Vase nur zu einem Drittel mit Wasser, gießen Sie von Zeit zu Zeit frisches kühles Wasser nach.

Wechseln Sie das Wasser regelmäßig. Nutzen Sie diese Gelegenheit, das Gefäß erneut gründlich zu reinigen.

BLUMEN – KUNST

»Welches Material verwendet wird, ist Nebensache. Allein der richtige Gedanke ist es, welcher zu Gott führt, und in diesem Sinne sollte man arbeiten.«

EUGEN HERRIGEL

Sanfte Töne: Das Gefäß soll die einzelne Blüte, das Arrangement dezent in der Wirkung unterstützen. Wunderbar geeignet dafür sind Vasen und Gläser in sanftem Pastell.

Durch die Blume gesehen: Farbenprächtige Aronstäbe lugen zwischen Schachtelhalmen hervor.

Seltene Schönheiten: Die zarten Blüten der Agave

ETAGEN-LOOK

Solide Basis: Feuerrote Calla im Bunde mit Schachtelhalmen.
Aufsteigende Kraft: Eine Hand voll Agavenblüten und ein Philodendronblatt werden mit Bast geschnürt.

Erhebend: Die indische Lotusblume gilt als Symbol der Wiedergeburt, der Reinheit und Vollkommenheit. Buddha wurde der Legende zufolge auf einer Lotusblüte geboren – aus dem Grund eines schlammigen Teiches entfaltet sie sich rein und unbefleckt.

Verborgener Schatz: Die Fruchtstände des Lotus trocknen schnell ein. Sie enthalten wohlschmeckende Samen, die man getrocknet oder kandiert essen kann.

EINE WELT FÜR SICH

Fest verankert: Eine Hand voll Steine verleihen den Stielen Halt.

In Verbindung sein: Mit Carex-Segge und auf gleiche Länge geschnittenem Stahlgras zum Strauß vereint. Dazu binden Sie ein paar Cannahalme, sofern erhältlich.

GRÜNE VERBINDUNG

Im Bunde: Verschnüren Sie eine Hand voll Segge am Stielende mit Gummiband. Binden Sie farbigen Bast auf das Band.

Wickel-Trick: Wählen Sie ein besonders festes und schönes Gras aus. Wickeln Sie es fest um das Bündel, biegen Sie die Spitze um und stecken Sie sie ein. Wählen Sie ein zweites Gras. Wickeln Sie es gegenläufig um das Grasbündel und stecken Sie die Spitze ebenfalls fest in das Bündel.

Einfach schön: Mehrere solcher Carexbündel in einer schönen Schale vereint. Wird das Wasser regelmäßig erneuert – gleichzeitig bitte die Stiele nachschneiden – hält das Arrangement mehrere Wochen.

Sich verneigen: Wie grüne Federbüschel neigen sich die Spitzen der immergrünen Segge über den Vasenrand. Wenn die Spitzen braun und trocken werden, schneiden Sie sie einfach kürzer.

NELKEN-SUSHI

In Moos gebettet: Umwickeln Sie das Gesteck mit einer Lage Islandmoos.

Abschlussrunde: Binden Sie ein langes schmales Blatt um das Gesteck und stecken Sie es mit einer Floristen- oder Haarklammer fest.

Für Puristen: Eine einzelne weiße Nelke gehüllt in einen zarten Mantel aus Schleierkraut.

Die richtige Basis: Schneiden Sie aus grüner Steckmasse eine Zylinderform von zirka acht Zentimetern Durchmesser und sechs Zentimetern Höhe zu. Wässern Sie die Masse gut. Befestigen Sie die kurz geschnittene Blüte in der Mitte. Stecken Sie Dolden von Schleierkraut rund um die Nelke dicht ein.

ANTHURIENBLÜTE

Kunst am Stiel: Der kurzgeschnittene Anthurienstiel steckt unsichtbar in einem Orchideenröhrchen. Dazu passen einige Stiele fedrigen Grases.

Durchblick: In einem einfachen Glaszylinder können sich Blüte und Blattwerk voll entfalten.
Flecht-Werk: Solch ein Füllhorn, aus einem Bananenblatt geflochten, besorgt Ihnen Ihr Florist auf Bestellung.

Farbenpracht in Rot und Grün: Die auffallende Schönheit der Anthurienblüten verlangt nach Gefäßen, die sich in Form und Farbe unterordnen. **Unglaublich haltbar:** Die prächtige Anthurienblüte hält lange, wenn Sie den Stiel regelmäßig nachschneiden und in frisches Wasser stellen.

KÖNNEN + HINGABE = KUNST

So schön, so leuchtend, so vergänglich: Voll erblühte pinkfarbene Dahlien in einem Nest aus Islandmoos

Solide Basis: Dieses Gesteck können Sie für jedes Gefäß passend anfertigen. Die Basis ist grüne Steckmasse für Frischblumen. Schneiden Sie die Steckmasse so zu, dass sie möglichst knapp in das Gefäß passt. Wässern Sie sie gut. Bedecken Sie die Steckmasse mit Islandmoos. Stecken Sie auf gleiche Stiellänge gekürzte Dahlien dicht an dicht ein. **Moos-Locken:** Kaschieren Sie die Ränder des Gefäßes mit Islandmoos und zupfen Sie einzelne Büschel locker heraus.

Verborgene Helfer: Hat das Gefäß eine hohe Form – wie der hier gezeigte Blechquader – so polstern Sie es bis etwa zehn Zentimeter unterhalb des Randes mit wasserundurchlässigem Füllmaterial. Legen Sie dann als Halt für die Steckmasse ein Drahtgitter obenauf.

Floristen-Trick: Umwickeln Sie die Stiele mit einem farbechten Stück Papier und binden Sie es mit ein paar Gräsern fest. So schützen Sie die zarten Callastiele vor dem Ausfransen.

Zusammenspiel: Gläser und Früchte greifen den edlen Farbton der Calla auf.

Kurz und gut: Wenn die Segge braune Spitzen bekommt – einfach immer wieder abschneiden.

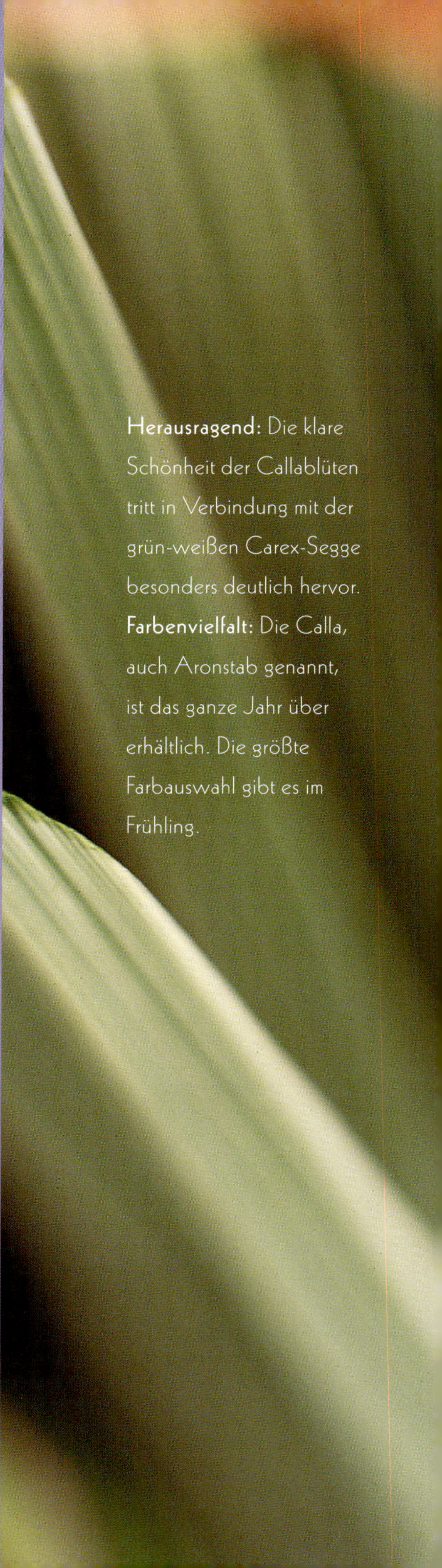

Herausragend: Die klare Schönheit der Callablüten tritt in Verbindung mit der grün-weißen Carex-Segge besonders deutlich hervor.

Farbenvielfalt: Die Calla, auch Aronstab genannt, ist das ganze Jahr über erhältlich. Die größte Farbauswahl gibt es im Frühling.

DIE SANFTE GLUT DER FARBE

GRASWICKEL UND

Einfach zauberhaft: Ein Strauß türkischen Mohns tanzt in einer Vase.
Grüne Hülle: Bauchige Vasen eignen sich besonders gut, Gras in seiner vollen Schönheit zu präsentieren, hier eine Topfumwicklung aus Schlangenbart, Ophiopogon. Als Basis dient eine Lage Islandmoos, die Sie mit feinem Draht auf das Gefäß binden.

BLÜTENRUNDE

Feuer und Wasser: Schneiden Sie die Mohnstiele auf gleiche Länge ab. Versengen Sie die Stielenden mit dem Feuerzeug, so bleibt der Saft in den Stielen. Stellen Sie den Strauß in ein Glas mit warmem Wassser und dieses in die mit Blattwerk umhüllte Vase. Drapieren Sie eine Hand voll Islandmoos im Gefäß und verdecken Sie so das Wasserglas.

Zarte Bande: Stecken Sie kleine Bündel Schlangenbart in das Drahtgeflecht und winden Sie sie vorsichtig um das Gefäß. Sie können dabei die Gräser punktuell mit der Heißklebepistole befestigen. Verarbeiten Sie die Gräser in mehreren Schichten, bis das Gefäß komplett durch einen grünen Mantel verdeckt ist.

Frische Deko: Füllen Sie den Raum zwischen Zylinder und Glasrohren mit frischen Limonen.

Blüten in der Farbe der Sonne: Das leuchtende Gelb erhebt die Stimmung.
Harmonie in Grün: Blütenstiele und Limonen, Natur pur

CALLA MIT LIMONEN

Zweckentfremdet: In Fachgeschäften für Laborbedarf gibt es Reagenzgläser in verschiedenen Größen. Füllen Sie mehrere davon mit Wasser und stecken Sie in jedes Glas eine bis zwei kurzgeschnittene Calla. **Aufgefangen:** Legen Sie die mit Blüten gefüllten Reagenzgläser vorsichtig in einen Glaszylinder.

DIE RUHMESKRONE

Tropenzauber: Die farbenprächtige Ruhmeskrone, auch Gloriosa superba genannt, gehört zur Familie der Lilien. Aus Afrika und Asien stammend, ist sie bei uns ganzjährig erhältlich.

Grüne Vase: Was kompliziert aussieht, kann ganz einfach sein. Wählen Sie ein schmales hohes Gefäß als Vase. Schneiden Sie die Stängel von Rheinautria oder anderen holzigen Stielen etwas höher als das Gefäß zu. Legen Sie die Abschnitte dicht an dicht um die Vase, befestigen Sie sie eventuell mit doppelseitigem Klebeband oder der Heißklebepistole.
Bast statt Band: Wickeln Sie einen Strang Naturbast in mehreren Lagen um die grünen Abschnitte. Stellen Sie das Bündel in eine passende Schale.

Bitte mit Samthandschuhen berühren: Die Blüte der Ruhmeskrone ist sehr empfindlich – doch lange haltbar.

Vom Floristen abgeschaut: Schneiden Sie kleine Bündel von Stahlgras auf gleiche Länge und umwickeln Sie sie an den Enden mit farbigem Bast. Solche Grasbündel sind vielseitig zu verwenden – als Tischdeko, als Ministrauß, als Mitbringsel.
Aufwärtstrend: Auch der Ringelbambus treibt langsam aber stetig aus – bei Licht, Wärme und frischem Wasser.

ALLES IM GRÜNEN BEREICH

Frischer Mix: Grün in allen Schattierungen und Formen
Dauer-Deko: Bambusstücke mit frischen Trieben bereichern jedes grüne Arrangement. Sie halten erstaunlich lange, wenn Sie das Wasser regelmäßig erneuern. Sobald der Bambus kleine Wurzeln bildet, können Sie ihn einpflanzen.
Blüten-Solo: Eine prächtige grüne Anthurienblüte

Auf Zwischenräume achten: Bestimmen Sie die Größe des Flechtwerks und schneiden Sie die Stängel entsprechend der Länge zu. Legen Sie sie im Abstand von etwa zehn Zentimetern nebeneinander.

Verbindungen schaffen: Schneiden Sie nun für die Querverbindungen entsprechend lange Stücke ab und binden Sie sie mit Draht auf die Längsseiten. Fügen Sie so viele Querstücke hinzu, bis Ihnen Ihr Werk gefällt und bis es stabil ist. Umwickeln Sie einige Reagenzgläser mit Draht und binden Sie diese in unregelmäßigen Abständen auf das grüne Gitter.

Geduldsprobe: Sie brauchen einige Bündelungen von Dschungelbambus – die besorgt Ihnen Ihr Florist auf Bestellung. Oder aus dem heimischen Garten Abschnitte vom grünen Cornus, Hartriegel. Dazu Blüten Ihrer Wahl.

FLECHTWERK

Zum Blühen bringen: Füllen Sie die Gläser, zum Beispiel mit Orchideen.

Raumschmuck: Das Flechtwerk ist als Wandschmuck gedacht. Sie können es auch ins Fenster hängen und damit einen möglicherweise tristen Ausblick verschönern. Befestigen Sie das obere Ende des Flechtwerks mit festem Draht auf einer Bambusstange. Diese hängen Sie auf zwei Haken an die Wand.

Ein prächtiger Zierlauch, mit Leichtigkeit dekoriert: Die Kugel aus zartlila Blüten sitzt direkt auf der Vasenöffnung auf. Ein duftiges Kleid aus Carex-Segge bringt Schwung und Leichtigkeit ins Spiel.
Der Trick mit dem Gras: Biegen Sie die Stiele etwa fünf Zentimeter unterhalb des Endes um und haken Sie sie am Vasenrand ein. Dann stecken Sie die Blüte dazu.

Sommer-Ball: Der Riesenlauch, auch Allium giganteum genannt, ist wie eine Maxiversion des blühenden Schnittlauch. Die Zuchtpflanze ist nur im Sommer erhältlich. Der kräftige Zwiebelgeruch lässt ihn nicht unbedingt zur Lieblingsblüte werden. Doch die Pracht der zarten Blüten macht den strengen Duft mehr als wett.

TANZ DES ALLIUM

EINE BLÜTE NUR ...

Erste Wahl: Alles, was Sie für dieses Stillleben brauchen, ist eine wohlgeformte Flasche, einige Gräser – hier Carex-Segge, ein Reagenzglas und eine gelbe Calla.
Grün gewickelt: Wickeln Sie die Gräser fest um den Flaschenbauch, stecken Sie Spitze und Ende ein.
Feste Bindung: Wickeln Sie ein Gras um das Reagenzglas. Verankern Sie das Ende in der Grasbindung an der Flasche. Wickeln Sie bei Bedarf ein zweites Gras um Glas und Flasche, das Glas sollte sicher stehen.

Wasserspende: Füllen Sie beide Gefäße mit Wasser. Stecken Sie die auf etwas mehr als Flaschenhöhe kurzgeschnittene Calla in das Reagenzglas.

Charmante Spitzen: Wie Wattebälle liegen die Nelkenblüten auf den Bambusspitzen, zwischen den Blüten lugen einzelne grüne Triebe hervor.

NELKEN MIT BAMBUS

Zur Blüte bringen: Schneiden Sie die Nelkenstiele auf gleiche Länge wie den Bambus. Stecken Sie die Nelken von oben zwischen die Bambusstücke.
Erfrischung: Ein gelegentlicher Sprühnebel mit Wasser hält die Nelken lange schön. Nach dem Verblühen können Sie sie durch neue ersetzen.

Weiße Nelken, grüner Bambus: Ungewohnte Kombination, anmutige Harmonie. Die kein Zufall ist, denn beide stammen aus Asien und Afrika. **Ordnung schaffen:** Füllen Sie etwas Wasser in das Glas. Dann stellen Sie die gleich kurzen Bambusstücke dicht nebeneinander hinein.

WASSERSPIELE

»So soll auch das Wasser, welches Blumen gespendet wird, mit jener Gesinnung gereicht werden, die sich der Verantwortung für das Leben der Blumen bewusst ist.«

EUGEN HERRIGEL

– NATUR PUR

Wasser ist ein freundliches Element, in dem Verwandlung spielerisch geschehen kann.

Entfernt man die Stiele knapp unterhalb einer Blüte, so werden Pfingstrosen zu Seerosen, eine Heliconia zum Fisch. Und Zinnien tanzen Wasserballett.

Kunst am Glas: Transparente Gefäße aller Art – groß und klein, rund und eckig – laden ein zum Spiel mit Wasser und Blüten.

Magische Anziehung: Schwerelos lässt sich der Blütenkopf vom Wasser tragen.
Leuchtkraft: Dickwandiges Pressglas ist transparent und dicht zugleich. Die Blüte leuchtet durch einen hauchfeinen Schleier aus Licht.
Solitäre Schönheit: Jedes einzelne Blütenblatt der rubinroten Pfingstrose ist ein Juwel.

PFINGSTROSEN –

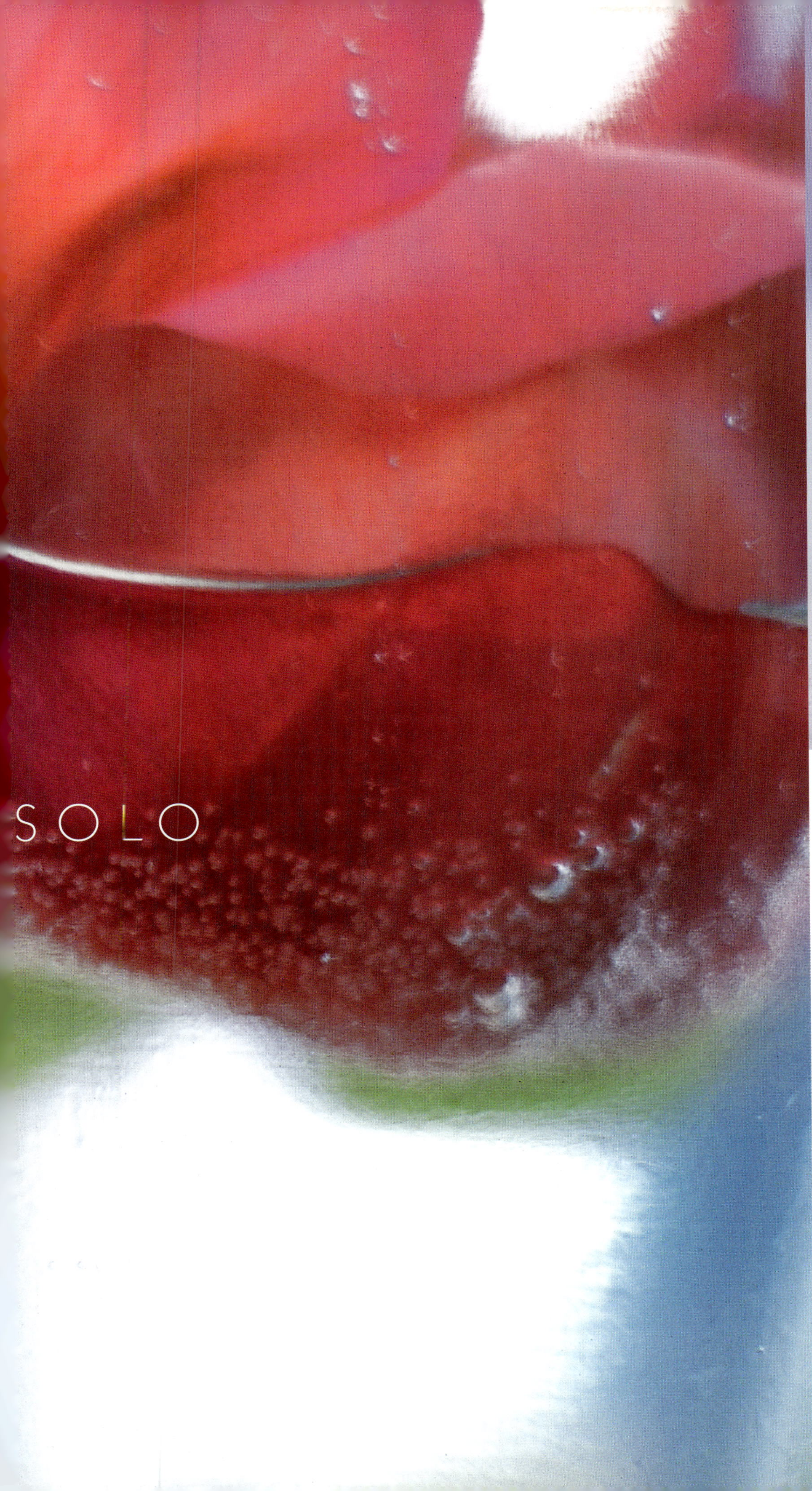

SOLO

Die sanfte Macht der Steine: Füllen Sie ein Glasgefäß zur Hälfte mit Kieselsteinen. Gießen Sie Wasser darauf, bis der Wasserstand deutlich über den Steinen liegt. Lassen Sie eine Blüte auf die Oberfläche gleiten.

Frische-Kick: Die Blüte bleibt deutlich länger frisch, zumal sie in direktem Kontakt mit dem Leben spendenden Element Wasser steht.

Statt Goldfisch: Schneiden Sie Schachtelhalme auf Gefäßhöhe zu und bündeln Sie sie mit Bast. Binden Sie eine Hand voll Bambusstücke ebenfalls mit Bast zusammen. Stellen Sie die grünen Bündel in das Glasgefäß. Füllen Sie es zu einem Drittel mit Mineralwasser. Legen Sie eine Blüte der Heliconia in das Wasser.

EIN HELICONIUM WIRD ZUM RAUBFISCH

Natur-Wunder: Die farbenprächtige Heliconia schwimmt als Blütenfisch im Sprudelbad. **Nährendes Element:** Mineralisiertes Wasser sorgt nicht nur für den optischen Effekt, es nährt Blüte und Grün gleichermaßen.

GRÜN LEUCHTET

Starke Töne: Eine eindrucksvolle Komposition in kräftigen Farben, die Zutaten sind schlicht. Ein Glasgefäß. Eine pinkfarbige Seerosendahlie.

Grüne Lagune: Das Wasser leuchtet in einem satten Smaragdton. Einfach ein paar Tropfen Lebensmittelfarbe hineingeben, umrühren, fertig.

Im Namen der Rose: Zu Recht heißt sie Seerosendahlie. Schneidet man den Stiel ab, schwimmt die Blüte wie von selbst.

Achtsam sein: Bevor Sie Wasser einfüllen, sorgen Sie bitte dafür, dass das Gefäß keimfrei sauber ist. Sie verlängern so das Leben der Blüte.

BLÜTENBALLETT

Momentaufnahme: Zeit. Idee. Wasser. Blüten und Triebe. Freude. Tun.
Wasser bringt Leben: Der keimende Bambus als Sinnbild für Hoffnung und Wachstum, die Leuchtkraft der Zinnien signalisiert Freude pur. Blüten und Bambus sind sehr haltbar.

Hilfestellung: Füllen Sie das Gefäß bis zum Rand mit Wasser. Klemmen Sie je zwei Bambusstücke dicht nebeneinander fest zwischen gegenüberliegende Glaswände. Stecken Sie kurz geschnittene Stiele pinkfarbiger Zinnien von oben zwischen den Bambus.

Wasserballett: Federleicht schweben die Stiele im Wasser, die Blüten durch Bambusstangen sicher gehalten.

»Hände verfügen über eine erstaunliche Intelligenz. Sie können sie aktivieren, indem Sie Ihren Händen erlauben zu spüren, was sie tun – statt ihnen zu sagen, was sie tun sollten.«

EDWARD ESPE BROWN

Das Essen ist vorbereitet. Sie haben Zeit.

Nehmen Sie sich Momente des Innehaltens. Aus diesem Nicht-Tun heraus dekorieren Sie mit leichter Hand den Tisch für einen schönen Abend. Sie brauchen dafür weniger, als Sie denken.

Einige Blüten. Eine Hand voll Gemüse, Früchte. Schlichte Teller und Schalen.

DEN TISCH DECKEN

Zeitlos edel: Für die Tischdekoration im Zen-Stil wie geschaffen sind Schalen aus hellen und dunklen Hölzern.

ORIGINELLE PLATZKARTEN

Kühle Eleganz: Die Aluschale ist gefüllt mit schwarzen kleinen Kieselsteinen.

Zum Verschenken schön: Asiatische Fonduekörbchen sind nicht nur praktisch, sie eignen sich auch wunderbar als Behälter für Minigemüse.

Für jeden Gast ein malerisches Stillleben: Ein Tischset aus zartem Organdy, Porzellanteller, eine Schale mit Steinchen. Fonduekörbchen aus dem Asia-Shop, Miniauberginen vom Feinkosthändler.

Schnell und fein: Schreiben Sie die Namen jedes Gastes auf ein rundes Stück Reispapier (gibt es im Asiamarkt). Besonders edel wirkt die Schrift mit schwarzem Fettstift gemalt und silberfarbig konturiert.

Wahl der Mittel: Die aus Gras geflochtene Matte sorgt im Handumdrehen für asiatisches Flair. Wenn Sie viel Zeit haben, flechten Sie für jeden Gaste eine, als Tischset.

Verbindung schaffen: Mehrere Bündel Carex-Gras, eine Seggen-Art, brauchen Sie, um die Matte zu flechten. Die Schnittstellen werden mit farbigem Bast über Kreuz verbunden.

Geduldsprobe: Schneiden Sie die Enden der Gräser ab. Legen Sie einzelne Grasbündel zum Quadrat und verbinden Sie die Eckpunkte miteinander. Legen Sie nun ein Bündel nach dem anderen auf und binden Sie es jeweils oben und unten am Rand fest. Flechten Sie dann die gleiche Anzahl von Grasbündeln quer ein und verbinden Sie sie ebenfalls mit den Außenseiten.

Mit den Möglichkeiten spielen: Schöner Kontrast zum matten Grünweiß der Gläser sind weiße Schalen mit roten Linsen und farbige Essstäbchen.

FLECHTWERK ALS TISCHSET

Stillleben: Flaschen aus satiniertem Glas, Teller und Schale aus Bambus, Porzellan und frische Früchte – jedes Mehr wäre zu viel des Guten.
Fruchtkorb: Frische Feigen und Limonen in einem Nest aus Geranienblättern.

Blütenhauch: Die königsblaue Nigella – auch Jungfer im Grünen oder Braut in Haaren genannt – gereicht jedem Gedeck sanft zur Zierde.

BLÜTEN UND FRISCHE FRÜCHTE

Harmonie der Töne: Türkis und Grün ergänzen sich. Die blaue Rispe vom Rittersporn setzt ein leuchtendes Signal.

Die Farben des Sommers: Kapuzinerkresse ist im Bauerngarten zuhause. Das Farbspektrum der Blüten reicht von Gold über Orange bis Rot. Jede einzelne davon ist ein Juwel, das zu betrachten sich lohnt.

KAPUZINERKRESSE MIT ROTEN LINSEN

Zarte Kostbarkeit: Die filigranen Blüten der Kapuzinerkresse scheinen ständig in Bewegung zu sein. Überaus biegsam, lassen sie sich wunderbar dekorieren – in Schalen, Gläsen, Tellern.

Erntedank: In er mit organgefarbenen Linsen gefüllten Bambusschale tanzen Kapuzinerkresse-blüten, deren Schönheit leider nur von kurzer Dauer ist.

DIE SANFTE MACHT DER BLÜTE

Die Farbe Weiß: In kostbarem Schneeweiß leuchtet eine voll erblühte Pfingstrose. Kurz ist die Zeit – doch gerade lang genug, um Ihren Gästen den Abend zu verschönern. Besonders fein kommt die Blüte in einer asiatischen Reisschale zur Geltung.

Vorfreude: Eine weiße Phalaenopsis-Orchidee liegt neben Essstäbchen auf der Schale bereit. Die Auswahl der Accessoires macht aus einem kleinen feinen Essen den ganz besonderen Augenschmaus.

Schale, schön in Schale: Im oberen Gefäß schwimmt eine Orchideenblüte. Als kleine Geste des Gastgebers darf jeder Gast seine Blüte samt Schale mit nach Hause nehmen. Ein Bogen Transparentpapier schützt Tisch und Set – und sieht dabei sehr edel aus.

Imporivisieren Sie: Das frische Grün des Anthuriums, auch Flamingoblume genannt, inspiriert zum Spiel mit gleichfarbigen Früchten. Ein paar Gräser machen das Arrangement perfekt.

Etagenlook im Asia-Stil: Auf einer Bambusmatte werden zwei unterschiedlich große Chinaschalen ineinander gestellt. Darin die Deko Ihrer Wahl.

So wird es gemacht: Legen Sie die Limonen dicht in eine Schale. Füllen Sie ein Reagenzglas mit Wasser, stecken Sie den kurz geschnittenen Stiel des Anthuriums hinein. Stecken Sie noch einige Carex-Gräser dazu und klemmen Sie das Glas fest zwischen die Limonen.

Sinfonie in Grün: Das natürliche Arrangement aus Anthurium und Limonen ist Mittelpunkt und Blickfang auf jeder Tafel.

DIE KUNST DES MÖGLICHEN

Blatt statt Tablett: Ein wohlgeformtes Blatt der Kokospalme, darauf Schalen aller Art. Je nach Größe Ihrer Tafel legen Sie gleich mehrere solcher grünen Tabletts auf.
Augenschmaus: In kleinen Schalen aus Holz und Porzellan bieten Sie dem Betrachter rote Linsen und grüne Reisflocken an. Originelle Extras sind die kleinen Teesiebe aus Bambus.

TISCHSETS AUS DER NATUR

Die Einfachheit des Natürlichen: So ein perfekt geformtes Lotusblatt können Sie als Tischset zweckentfremden. Schneiden Sie den Stiel möglichst kurz, wickeln Sie einen mit Wasser getränkten Wattebausch in Folie darum. **Originelles Give-Away:** Auf jedem Gedeck liegt neben Essstäbchen eine exotische Curcumis – Handschmeichler und Hingucker in einem.

Statt Tischkarte: Schreiben Sie den Namen Ihres Gastes auf ein getrocknetes Maisblatt. Solche Blätter erhalten Sie im Asiamarkt.

Schlichte Ergänzung: Sie brauchen ein schwarzes Bambusset, ein Sushi-Tablett, rundes Reispapier und Essstäbchen. Dazu eine Porzellanschale, die Sie mit grünen Reisflocken füllen und mit einer Blüte dekorieren. Im Sommer sind pinkfarbige Zinnien wunderbar dafür geeignet.

EINFACH SEIN

Grafische Schönheit: Eine einzelne blühende Dilldolde gereicht jedem Glas zur Zierde. Besonders, wenn es mit einem farblich passenden Bastband geschmückt ist.

SCHÖN IN SCHALE

Grüne Skulpturen in weißen Schalen: Die Reihe ließe sich beliebig fortsetzen – sie richtet sich nach der Länge Ihres Tisches und der Anzahl Ihrer Gäste.
Kleines Geschenk: Wer Glück hat, kann solche Schalen in größerer Menge preiswert kaufen. Dann darf sich jeder Gast am Ende des Abends eines davon aussuchen und mitsamt Inhalt mit nach Hause nehmen.

Zeichen setzen: Die strahlend gelbe Seerosendahlie signalisiert »Herzlich Willkommen«.

Schritt für Schritt: Sie brauchen ein rundes Bambusset, einen Teller mit Blütenrand, ein rundes Blatt Reispapier und eine kleine Schale. Die Essstäbchen sind nur zum Anschauen, es handelt sich um zwei kurz geschnittene Schachtelhalme.

DEKORIEREN MIT GEWÜRZEN

Pfeffergewächs: Rispen voll rosa Pfefferbeeren sind so schön, so filigran und dekorativ – ihre Einsatzmöglichkeiten fast grenzenlos. Drapieren Sie sie in Schalen, Vasen. Sie können auch kleine Gläser damit füllen und jedem Gast eines schenken.

Raffinierte Schärfe: Natürlich können Sie die getrockneten Pfefferbeeren auch fein zerreiben – und Ihren Gerichten damit einen exotischen Geschmack verleihen.

Duft-Deko: Kennen Sie den Geruch von frischem Ingwer? Er ähnelt ein wenig dem von frischem Knoblauch, ist aber viel dezenter. Auch die Haut ist noch zart. Erst im Laufe der Wochen trocknet sie ein, um die Feuchtigkeit des exotischen Gewürzfleisches zu bewahren.

Feine Zutat: Binden Sie die Stiele der Ingwerfrucht mit etwas Naturbast zusammen und legen Sie eine rote Blüte – beispielsweise Hibiskus – auf die Bindestelle. Auf einem Sushi-Tablett präsentiert, können Sie Ihren Tisch damit schmücken, bis die Blüte verwelkt ist oder Sie den Ingwer zum Kochen brauchen.

Einfach wunderschön: Eine Hand voll chinesischen Bambus auf einem Teller. Die nuancenreichen Grüntöne laden ein zum Betrachten, Ankommen und zur Vorfreude auf ein Mahl mit Freunden.

GRÜNE SCHÄTZE

Zu jedem Gedeck: Hauchfeine Reisnudeln werden mit Bast gebündelt, als Angebinde dienen Rispen voll frischer grüner Pfefferkörner und Peperoni. Falls einem Ihrer Gäste das Essen nicht scharf genug sein sollte, darf er sich jederzeit bedienen.

Augenschmaus: Wer mit offenen Augen und ohne Eile über den Markt geht, kann kleine Schätze entdecken. Zum Beispiel Mini-Zucchini. Sie sind wie geschaffen, um in einer schönen Muschel zu liegen. Ihre Gäste werden entzückt sein.

Auf Zwischentöne achten: Einfache Strukturen ziehen die Blicke an. Sanfte Farbtöne erwecken, wie auch leise gesprochene Worte, die Aufmerksamkeit.

WIE TAG UND NACHT

Ying und Yang: Eine Bambusschale, Essstäbchen, ein Tischset in Weiß. Dazu eine schwarze Schale, eine ausgewählte Frucht oder ein Gemüse. Weißer Duftreis, schwarze Kiesel.

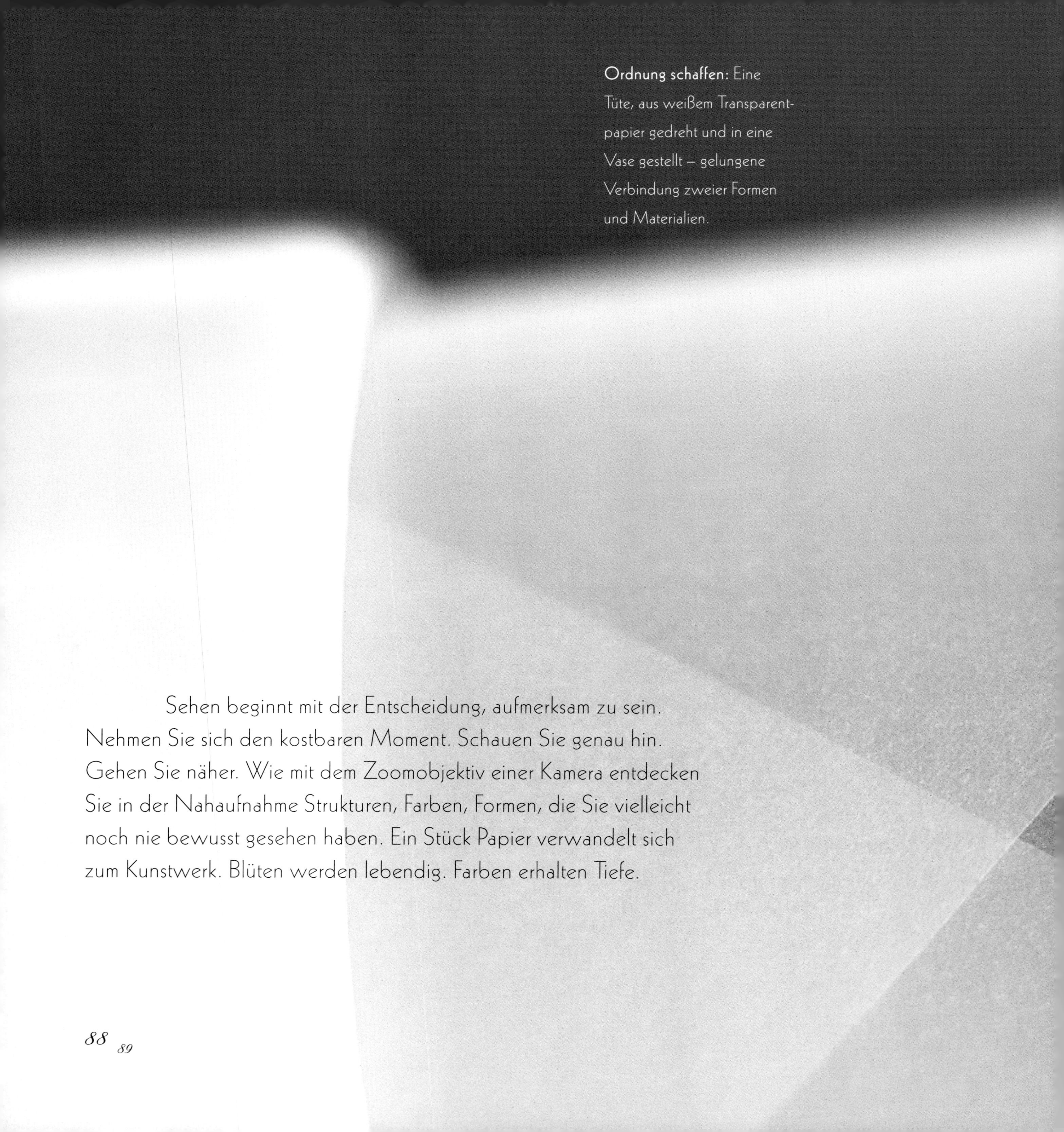

Ordnung schaffen: Eine Tüte, aus weißem Transparentpapier gedreht und in eine Vase gestellt – gelungene Verbindung zweier Formen und Materialien.

Sehen beginnt mit der Entscheidung, aufmerksam zu sein. Nehmen Sie sich den kostbaren Moment. Schauen Sie genau hin. Gehen Sie näher. Wie mit dem Zoomobjektiv einer Kamera entdecken Sie in der Nahaufnahme Strukturen, Farben, Formen, die Sie vielleicht noch nie bewusst gesehen haben. Ein Stück Papier verwandelt sich zum Kunstwerk. Blüten werden lebendig. Farben erhalten Tiefe.

DIE SCHULE DES SEHENS – EINE FARBENLEHRE

»Manchmal lebt man, zumindest ein paar Augenblicke lang, wie im Paradies«.

EDWARD ESPE BROWN

BLÜTE IN DER TÜTE

Formen verbinden: Der sanft gewellte Blütenrand der Calla inspiriert zu dieser schlichten Idee – die Tüte aus Transparentpapier setzt den Schwung optisch fort.

Weiß in Weiß: Die Farbe aller Farben hat viele Nuancen. Hier ergänzen sich matt und glänzend, transparent und dicht.

Halt finden: Die aus Papier geformte Tüte verlängert das Gefäß und verleiht kostbaren Blüten Halt.

Konzentration: Je weniger Farben im Spiel sind, desto einfacher ist es, das Wesentliche zu sehen.

Herausragend: Blütenpower im Wasserglas

Brilliant und schlicht: Das sanfte Blau des Wasserglases bringt Leuchtfarbe und Form der Orchideenrispe wunderbar zur Geltung.

DIE SANFTE

Eine Welt für sich: Tauchen Sie ein. Jetzt.

MACHT DER BLÜTE

Im Mittelpunkt stehen: Ein Glasquader, eine Hand voll schwarzen Sandes, Wasser. Darin eine perfekt geformte Artischocke, frisch vom Markt.

Statt Blume: Lassen Sie Ihren Blick durch das gefächerte Blattwerk der Feldfrucht wandern. Ein Wunder. Mit etwas Glück blühen Artischocken. Ob es bei dieser geschehen wird, weiß nur die Natur.

STARKE FARBEN

In die Kraft gehen: Rot mit Grün. Powerfarben und starke Kontraste. Unterstützt durch den lackroten Hintergrund brilliert das Grün einer frischen Artischocke.

TISCHGÄRTEN – SCHÖN IN SCHALE

Aufs Wesentliche reduzierte Arrangements lehren uns die hohe Kunst des Sehens. Eine Blüte in einer Schale. Dazu Sand, Steine, Muscheln. Überraschen Sie sich selbst.

Eine Insel vollkommener Stille: Eine Blüte. Eine Muschelhälfte. Ein Tablett voll schwarzer Minikiesel. Ein Stück Reispapier.

»Solange der Geist leer ist, ist er aufnahmebereit für alles. Dem Geist des Anfängers stehen viele Möglichkeiten offen, dem Geist des Fortgeschrittenen nur wenige«.

SUZUKI ROSHI

In voller Blüte: Eine Rose ist eine Rose ist eine – Pfingstrose. Voll erblüht, ruht die rubinrote Schönheit in einer türkisfarbigen Schale aus Porzellan.
Rezept: Vollkommene Ruhe entsteht, wenn Sie dem Gesetz der natürlichen Einfachheit folgen. Vertrauen Sie dem Reduzieren auf ein Minimum.

SCHALE STATT VASE

Erkennen: Ein schönes großes Tablett, wie dieses aus Bambus, gibt Ihnen Freiraum für eigene Ideen. Stellen Sie zu Beginn zwei unterschiedliche Schalen darauf, legen Sie Dinge bereit, die Ihnen gefallen. Wählen Sie, experimentieren Sie. Lassen Sie sich das Ergebnis wie von selbst schaffen.

GESCHÜTZTER RAUM

Sinnlich und rein:
Blüten so zart, so vergänglich und so wunderschön für kostbare Momente.

Im Augenblick verweilen: Dicht an dicht schwimmen Blätter der Kapuzinerkresse gefüllt mit weißen Wickenblüten. Einen ganzen Sommerabend lang.

Blumige Täuschung:
Die rote Gartenrose sieht den weißen Nelken auf den ersten Blick zum Verwechseln ähnlich.

TROCKENBLUMEN – SCHÖNE VERWANDLUNG

Die wundersame Wandlung beginnt im Moment des Schneidens. Werden Blumen in die Vase gestellt, so ist der Prozess des Sterbens bereits im vollen Gang. Blüten fallen ab, Blätter verfärben sich und trocknen aus. Entdecken Sie die besondere Schönheit, die in der Vergänglichkeit liegt.

»Kein Staub ist aufgewühlt, und still ist mein Herz.«

SEN-NO RIKYU

Die Vergänglichkeit akzeptieren: Überlassen Sie den Mohn sich selbst. Ohne Wasser. So kann eine wundersame Verwandlung geschehen – von der lebendigen Kapsel zum Träger des neuen Samens.

Die Ruhe vor dem Sturm: Unzählige Samenkörner sammeln im Inneren der Mohnkapsel Kraft vor dem Start ins neue Leben. Der Funke Vertrauen, einmal erwacht, öffnet für immer den Weg ins Leben.

Der Zauber der Veränderung: Kein Wasser im Glas, und in wenigen Wochen werden aus frischen Kapseln getrocknete. Sie haben dabei nichts von ihrer Schönheit eingebüßt, wechseln nur die Farbe und Struktur. Und tragen so, äußerlich unscheinbar in Grau gehüllt, einen reichen Schatz im Inneren.

HOFFNUNGSTRÄGER

Die Schönheit eines Blumenstieles: Schneiden Sie alle Stiele auf ungefähr die gleiche Länge und füllen Sie damit ein Gefäß Ihrer Wahl. Besonders gut kommt die präzise Schönheit der Stiele in einer Glasvase zum Vorschein.

JUNGFER IM GRÜNEN

Auf gleiches Maß achten: Schneiden Sie die Stiele der Fruchtstände auf etwa fünf Zentimeter Länge. Drücken Sie die Stiele in die Steckmasse, die Fruchtstände stecken dicht an dicht. Arbeiten Sie rundherum, von außen nach innen.

Im Wandel begriffen: Fast unmerklich verblasst das saftige Violett der Früchte zu sanften Lilatönen. Die einst frischen grünen Härchen werden dürr und so zerbrechlich, dass sie bei der kleinsten Berührung abfallen. Hüten Sie diesen Schatz sorgsam.

Zen-Floristik vom Feinsten: Eingebettet in eine weiße Schale sind die kurz geschnittenen Fruchtstände der Nigella, Schwarzkümmel. Die kugeligen Früchte sind zauberhaft weich, solange sie noch den frischen grünen Flaum tragen. Was wohl auch zu solch poetischen Beinamen wie Braut im Haare oder Jungfer im Grünen geführt hat.

Es ist so einfach: Schneiden Sie mit dem Messer Blumensteckmasse so zurecht, dass sie genau in das Gefäß passt. Formen Sie dabei eine leichte Kuppel. Verbinden Sie die Stücke eventuell mit Klammern oder Nadeln. Legen Sie nun eine Schicht Islandmoos auf und füllen Sie auch eventuelle Zwischenräume damit. Drücken Sie die Steckform fest in die Schale.

Pure Freude: Zwei Bambusschalen sind die Basis für ein florales Arrangement aus frischen und getrockneten Zutaten. Ihr Florist kann Ihnen alles auf Wunsch besorgen.

Fundstücke: Flache Steine. Dazu eine Handvoll Curcumis und Stachelfrüchte vom Floristen, Lunariablätter, feste Halme. Zwei quaderförmige Kerzen und ein quadratisches Gefäß. Mehr ist nicht nötig, um ein Stillleben zu gestalten, das Ruhe und Ordnung symbolisiert.

STILLLEBEN MIT STEINEN

Sanftes Grau und frisches Grün: Kieselsteine liegen dicht an dicht mit gebündelten Halmen und stacheligen Früchten.

Harmonie kann beglücken. Interessant aber sind die Gegensätze. Materialien und Formen, die sich ergänzen, die zum Hin-ein-schauen inspirieren. Die uns staunen lassen, wie Dinge, die scheinbar nicht zueinander passen, perfekt zusammenspielen.

Zart und hart. Matt und glänzend. Frisch und getrocknet. Dezent und brillant. Königsblau und Perlmuttschimmer.

INSPIRATION – GEGENSÄTZE ERGÄNZEN SICH

Zart und hart:
Die vergängliche Schönheit der Mohnblüten kommt neben den unverwüstlichen Kieselsteinen bestens zur Geltung.

»Der Natur des Ganzen entsprechend erreicht alles sein Ziel, nicht irgendeiner anderen Natur entsprechend, die alles von außen umfasst oder in allem enthalten oder von allem getrennt ist.«

MARC AUREL

ZART UND HART

Die Leichtigkeit des Seins:
Rispen voll rosa Pfefferbeeren, mit leichter Hand dekoriert in farbig satinierten Gläsern.

Geflecht: Wie ein kleiner Dschungel liegen die getrockneten Tillandsia-Moosflechten in einer opalweißen Glasvase.

Silbergewächs: Die zartsilbrige Pflanze gedeiht in einem Übertopf aus Stein.

Blüten, die leuchten: Das brillante Blau des Rittersporns leuchtet umso mehr in einer perlmuttfarbigen Vase.

Sanfte Glut: Der milde Glanz einer Aluminiumschale unterstützt den satten Rotton einer reifen Tamarillo.

MATT UND GLÄNZEND

Floristen-Trick: Zwei Frauenschuh-Orchideen stecken – unsichtbar in wassergefüllten Plastikröhrchen – in einem Gefäß voller silbrig getrockneter Lunariablätter.

Eins plus: Aus einem Glasgefäß wächst eine weiße Zantedeschia aethiopica namens »Green Gooddess«, eine Art Aronstab. Ihr Stiel steckt in einem Glasrohr mit Wasser. Die Räume zwischen Glasrohr und Gefäß sind mit Zutaten aus der Natur gefüllt. Dafür bieten sich auf gleiche Länge geschnittene grüne Hartriegelzweige an, Schachtelhalme oder Stahlgras.

FRISCH UND GETROCKNET

Pflanzen sind Meisterwerke der Natur. Wer sie genau betrachtet, entdeckt grüne Skulpturen, vollkommene Schönheiten. Von Pflanzen können wir lernen, uns dem Prozess der Entwicklung ganz anzuvertrauen. Wer genau hinsieht, entdeckt die Welt in einem einzigen Blatt.

Ein Bambusspross fragt nicht nach dem Warum – er bricht sich die Bahn durch die harte Schale, strebt nach vorn und wächst einfach weiter. Wärme und Licht weisen den Weg.

Nehmen Sie sich Zeit. Tauchen Sie ein in organische Formen, exotisches Blattwerk. Entdecken Sie die Schätze darin. Auch das ist Meditation.

Der chinesische Bambus: Symbol für Biegsamkeit und Anpassungsfähigkeit, für stetiges Wachstum, für Wohlstand, Glück und Frieden. Eine echte Zimmerpflanze, sie braucht nur Wasser, Wärme, Licht.

GRÜNE SKULPTUREN

»Der Weg zum guten Gärtner: Achten Sie sorgfältig auf das Offensichtliche.«

EDWARD ESPE BROWN

REISE INS GRÜNE

Perücke aus Gras: Die büscheligen Gräser erinnern an die grünen Haare einer Wasserfee.

Perlenschmuck aus der Natur: Wie grüne Perlen hängen die grünen Fruchtstände des Ginsters an den biegsamen Stielen.

Farbe bekennen: Die Anthurienblüte überrascht mit einem neuen wilden Grünton.

Wie geschaffen für grafische Ordnung: Schachtelhalme und Stahlgräser, gebündelt in einer Vase aus Glas.

Rund und gesund: Die winzigen Blättchen des Bubikopfs formen sanft eine grüne Haube.

SCHATZSUCHE

Silbergraue Schönheit: Der Geweihfarn steckt samtige Blätter aus, die man gerne berühren möchte.

STILVOLLES AMBIENTE – ATMOSPHÄRE SCHAFFEN MIT PFLANZEN

»Manchmal ist es so, dass wir irgendetwas für die Wahrheit halten. Aber wenn wir uns zu fest daran klammern, werden wir uns der echten Wahrheit nicht mehr öffnen können, selbst wenn sie persönlich an unsere Tür klopfen sollte.«

WORTE DES BUDDHA

Die Pflanze: Zimmerbambus benötigt viel Licht, mag jedoch keine direkte Sonnenstrahlung. **Das Ambiente:** Ein Konsoltisch aus weiß lackiertem Holz bietet eine attraktive Basis für die grüne Galerie.

Die Materialien für das Wohnen im Zen-Stil sind Glas, Metall, Holz. Die Formen sind klar, sie fügen sich in den Raum ein, ohne ihn auszufüllen. So bleibt Platz für Bewegung.

Weiß und Grün: Eine Insel vollkommener Stille. Eintauchen in helle Räume.

Harmonie entsteht, während wir Freiraum schaffen. Wohnen mit Pflanzen kann bedeuten, sich auf ein einziges Gewächs zu beschränken. Oder mehrere Arten einer Pflanzenfamilie zu arrangieren.

Aparte Schönheit: Genau richtig für helle Räume mit Temperaturen um 20 bis 25 Grad. Die Schwanenorchideen gibt es in teilweise abenteuerlichen Farbschattierungen. Formal strenge Gefäße sind dezente Begleiter zu den prächtigen Blüten.
Das Ambiente: Edle Ergänzung im Schlafraum sind feine Hohlsaumbettwäsche und ein Plaid aus Kunstpelz.

Aller guten Dinge: Drei Phalaenopsis-Orchideen namens Allegria. Sie können bis zu einem Meter hoch werden und entzücken in reinem Weiß. Die weiß satinierten Glasgefäße gewähren interessante Einblicke. **Das Ambiente:** Ein Tisch aus Buchenholz mit Würfelraster passt wunderbar in eine schlichte Umgebung. Darauf ein Buddha aus Holz.

BLÜTENWUNDER ORCHIDEE

Reduzieren leicht gemacht: Ein Buchentisch, ein Buddha aus Holz, Orchideen im Glas – gelungener Mix unterschiedlicher Materialien, die harmonieren.

Die Schönheit des Winters: Der Ritterstern bringt Schönheit und Anmut in die Winterzeit. Sie können die tolle Knolle alle Jahre wieder zum Blühen bringen.

Das Ambiente: Gemütliche Runden garantiert ein großzügiger Tisch aus Glas und Metall. Dazu bequeme Stühle mit einer leichten, raffinierten Stahlkonstruktion. Die hellen Lederbezüge wirken dezent und edel.

GESCHÜTZTER RAUM

Insel der Ruhe: Mit den Elementen Licht, Wärme und Wasser wachsen aus den glatten Stängeln des Bambus an den Knoten zarte Blätter.
Das Ambiente: Der Tisch kann durch Tafeln aus Glas nach Belieben verlängert werden. Zu den schwarz lackierten Tischbeinen passen die Freischwingerstühle aus Stahlrohr mit schwarzen Bezügen.

Soleirolia, auch Bubiköpfchen genannt, bezaubert mit winzig kleinen zart behaarten Blättchen. Fühlt sich die Pflanze an einem Platz wohl, breitet sie sich in Windeseile aus.

FENG SHUI – GRÜN MACHT GLÜCKLICH

Sie kennen das Gefühl, einen Raum zu betreten und sofort zu spüren: Hier bin ich willkommen. Der Beweis dafür, dass Energie harmonisch fließt, im Einklang mit den Bewohnern. Falls in Ihren eigenen vier Wänden einzelne Bereiche Unterstützung und Belebung brauchen – versuchen Sie es ganz einfach mit einer, der richtigen, Pflanze. Als Faustregel mag gelten: Je runder und herzförmiger, desto harmonischer.

Wörtlich übersetzt bedeutet Feng Shui »Wind« und »Wasser«. Dies sind die beiden tragenden Elemente in der chinesischen Harmonielehre. Nach der Ordnung des Feng Shui lebt der Mensch auf, wenn er mit Hilfe einfacher Regeln das so genannte »Chi« – gezielt auf sich lenkt.

»Große Fülle muss wie strömend erscheinen, so wird sie unerschöpflich in ihrer Wirkung.«

LAO TSE

WAS IST IHNEN WICHTIG?

Die Bereiche des Lebens

Die acht Bereiche des Lebens: Wohlstand und Fülle, Ansehen und Ruhm, Partnerschaft und Beziehungen, Kinder und Kreativität, Mentoren und Freunde, Karriere, Wissen und Weisheit, Familie und Gesundheit. Im Feng Shui werden sie Baguas genannt. Sie lassen sich übertragen auf jeden Raum, auf die Wohnung, auf das Haus.

Karriere, Weg

Die Elemente des Feng Shui: Im Zyperngras sind sie wunderbar symbolisiert. Die Sumpfpflanze bringt das belebende Element Wasser ins Spiel, die aufstrebende Blattform spricht für sich. Ebenfalls geeignet in diesem Bereich ist eine rankende Pflanze wie die Efeutute. Oder eine interessante Pflanze, beispielsweise Amaryllis, Ingwer, Heliconium.

SIND SIE BEREIT?

Hilfreiche Menschen, Freunde

Präsenz und Wahrhaftigkeit: Bambus ist eine Pflanze mit sehr gutem Feng Shui – gleichzeitig biegsam und stabil, langsam und stetig wachsend, steht er für Treue. Das Miniatur-Bambusgras braucht viel Feuchtigkeit, direkte Sonnenbestrahlung ist zu vermeiden. In einer Reihe angeordnet, wirken die runden Büschel sehr präsent.
Auch eine vielblättrige Pflanze wie die Birkenfeige ist hier richtig platziert.

Kinder, Kreativität

Alles, was eigene Ableger macht: Der Bubikopf – immer schön feucht halten – ist hier am rechten Platz. Auch die Grünlilie. Oder die Mutter-und-Kind-Pflanze und die Zwergbanane. Soll Konzentration gefördert werden, bieten sich Calla oder Einblatt an. Für etwas mehr Leichtigkeit steht die Zimmerlinde. Vielseitigkeit symbolisiert der Philodendron. Farbe zeigen Buntnessel und Buntblatt.

Beziehung, Ehe, Liebe

Die Harmonie fördern: Zwei Blüten der gleichen Sorte stehen für Harmonie und Miteinander, hier Orchideenrispen. Eine Figur mit Symbolcharakter, hier der goldene Buddha, bringt Weisheit in das blühende Arrangement. Generell stehen Blumen in den Farben Rosa und Rot für blühende Liebe. Jedes Blüten- oder Topfpflanzenpaar in diesen Farben ist geeignet, je nach Saison.

UNTERSTÜTZUNG AUS DEM REICH DER PFLANZEN

Ruhm, Status, Anerkennung

Positive Zeichen setzen: Im chinesischen Bambus stecken Frische und Kraft, die grünen Keime symbolisieren langsames stetiges Wachstum, Zufriedenheit. Eine andere Möglichkeit, diesem Bereich neue Ausstrahlung zu verleihen: Markant und eindeutig, wie ein Ausrufezeichen soll die Blume sein. Versuchen Sie es mit Gerbera oder einer Sonnenblume.

Reichtum, Fülle

Die Fülle des Lebens: Sie wirkt verschwenderisch und höchst elegant. Die Flamingoblume ist weit gereist, sie kommt aus der Karibik und Hawaii zu uns. Auch ein Geldbaum ist in diesem Bereich des Hauses, der Wohnung, oder des Zimmers gut platziert. Wie alle Sukkulenten speichert er Wasser, es sammelt sich etwas an, wird mehr und mehr …

ALLES, WAS RUND IST

Familie, Gesundheit

Sinnliche Formen: Mit ihren großen, herzförmigen weichen Blättern symbolisiert die Zimmerlinde das weibliche nährende Element – und nimmt jedem kühlen Raum die Strenge. Hier kommen auch heilende Pflanzen Ihrer Wahl zum Einsatz, beispielsweise Johanniskraut für die gewünschte Nervenstärke. Wenn Sie sich mehr Kraft wünschen, so kann hier eine kerngesunde, kräftige Pflanze mit Stamm stehen – ein Olivenbaum oder Gummibaum.

Wissen

Von ergreifender Schönheit: Die Lotusblume symbolisiert Weisheit. Hier können auch Nelken stehen für die göttliche Liebe, Lilien für Reinheit, Olivenzweige für Frieden. Es hängt ganz einfach davon ab, was Sie selbst unter Wissen verstehen und damit verbinden möchten.

ORDNUNG SCHAFFEN

Was Sie sonst noch tun können

Bestärken Sie Ihre Entscheidung zur Veränderung: Besuchen Sie den aktivierten Raum möglichst täglich, schauen Sie nach der Pflanze und bestärken Sie sie in ihrer Funktion. Formulieren Sie Ihr Anliegen möglichst offen, lassen Sie Raum für die Entwicklung. Und danken Sie bereits jetzt für die Erfüllung. Sie wissen selbst: Bitte und Danke sind magische Worte ...

DANK DER AUTORIN

Vielen Menschen in meinem Leben bin ich zu Dank verpflichtet. Allen voran meinen Eltern, die mir die Lust am Gestalten, den Sinn für Schönes und die Liebe zu kleinen Blumen in die Wiege gelegt haben. Ernst Alexander Rauter danke ich für die Unterweisung im journalistischen Sinne. Meiner großen Lehrerin Ayya Khema, Meditationsmeisterin, danke ich für die Schulung der Achtsamkeit. Meinem Mann für Coaching und Vertrauen.

Bei der Entstehung dieses Buches haben in freundlicher und liebevoller Weise mitgewirkt (alle München)

Bärbel Büchner hat die Porträtfotos gemacht
Camilla Fuchs hat dem Produktionsteam assistiert, Ideen beigesteuert und für das leibliche Wohl gesorgt
Claudia Nothhaas hat floristische Meisterstücke geliefert
Silvie Schmidt von Musenberg Arts hat die Fotounter- und Hintergründe gezaubert
Das Kokon-Floristenteam lieferte schnell und professionell
Der Unterstützung des Augustus Verlages für die Möglichkeit, das Buch zu realisieren
Jorge Schmidt für sensibles und kraftvolles Layout
Dipl. Feng Shui Beraterin Ruth Wolf, Dipl. Ing. für Innenarchitektur, Ulperting 26, 83093 Bad Endorf
für die Einführung in die Lehre des Feng Shui

Leihgaben und Bezugsquellen

Ikea Einrichtung, 65719 Hofheim, für Tisch (Seite 126/127)

Kokon, Palais am Lenbachplatz 3, 80333 München, für großzügige und unbürokratische Leihgaben von Gefäßen und Asien-Accessoires aller Art

Gunther Lambert GmbH, Konstantinstraße 303, 41238 Mönchengladbach für Fotos Seite 126 oben

WK Wohnen, Heilbronner Straße 4, 70771 Leinfelden-Echterdingen für Foto Seite 128/129

Weiterführende Literatur

Flowers. Leben mit Blumen, Tricia Guild

Die Blume des Lebens, Drunvale Melchizedek

Räume der Kraft schaffen, Harald Jordan

Feng Shui, Farbe und Raumgestaltung, S. Rossbach

Du Mont´s große Pflanzen-Enzyklopädie

Die Zitate wurden entnommen aus folgenden Büchern

Marc Aurel: Wege zu sich selbst

Charlotte Yoko Beck: ZEN im Alltag

Edward Espe Brown: Das Lächeln der Radieschen

Eugen Herrigel: Zen in der Kunst des Blumen-Weges

Ayya Khema: Grenzenloses Sein

Sogyal Rinpoche: Funken der Erleuchtung

Rudolf Seitz: Was ist der Weg – er liegt vor Deinen Augen

Die Deutsche Bibliothek - CIP-Einheitsaufnahme
Ein Titeldatensatz für diese Publikation ist bei der Deutschen Bibliothek erhältlich

Dieses Buch folgt den Regeln der neuen deutschen Rechtschreibung

Augustus Verlag München 2001

Buch- und Umschlaggestaltung: Büro Jorge Schmidt, München
Umschlagfoto(s): Andreas Hoernisch, München
Styling: Susanne Schumacher
Fotos: Andreas Hoernisch mit Ausnahme von S. 126 oben, 128 und 129
(Gunther Lambert GmbH und WK Wohnen)
Satz: Gesetzt aus der Kabel von Berthold
Reproduktion: Repro Ludwig, Zell am See
Druck und Bindung: Offizin Andersen Nexö, Leipzig
Gedruckt auf chlorfrei gebleichtem Papier
Printed in Germany

ISBN 3-8043-7197-3